pronto,

foguete,

Estevão Azevedo

ilustrações
Ana Matsusaki

1ª edição

São Paulo — 2021

vamos!!!

FTD

EDITORA FTD
Rua Rui Barbosa, 156 — Bela Vista — São Paulo — SP
CEP 01326-010 — Tel. 0800 772 2300
www.ftd.com.br central.relacionamento@ftd.com.br

DIRETOR-GERAL Ricardo Tavares de Oliveira
DIRETOR ADJUNTO Cayube Galas
GERENTE EDITORIAL Isabel Lopes Coelho
EDITORA ASSISTENTE Bruna Perrella Brito
COORDENADOR DE PRODUÇÃO EDITORIAL Leandro Hiroshi Kanno
PREPARAÇÃO E REVISÃO Aline Araújo (líder)
PREPARADORA Lívia Perran
REVISORAS Marina Nogueira e Tatiana Sado Jaworski
EDITORES DE ARTE Daniel Justi e Camila Catto
PROJETO GRÁFICO Daniel Justi
DIRETOR DE OPERAÇÕES E PRODUÇÃO GRÁFICA
Reginaldo Soares Damasceno

Dados Internacionais de Catalogação na Publicação (CIP)
(Câmara Brasileira do Livro, SP, Brasil)

Azevedo, Estevão
Pronto, foguete, vamos! / Estevão Azevedo; ilustrações Ana Matsusaki.
— 1. ed. — São Paulo: FTD, 2021.

ISBN 978-65-5742-134-5

1. Contos - Literatura infantojuvenil I. Matsusaki, Ana. II. Título.

20-45143 CDD-028.5

Índices para catálogo sistemático:
1. Contos: Literatura infantil 028.5
2. Contos: Literatura infantojuvenil 028.5

Cibele Maria Dias — Bibliotecária — CRB-8/9427

Estevão Azevedo nasceu em Natal (RN), em 1978. Mestre em Literatura Brasileira pela Universidade de São Paulo (USP), escritor e editor, é autor do volume de contos *O som de nada acontecendo*; dos romances *Nunca o nome do menino*, finalista do prêmio São Paulo de Literatura, e *Tempo de espalhar pedras*, finalista do prêmio Oceanos, eleito Livro do Ano pelo prêmio São Paulo de Literatura e também publicado na Itália e em Portugal; e do ensaio crítico *O corpo erótico das palavras: um estudo da obra de Raduan Nassar*.

Ana Matsusaki é de São Paulo (SP) e, desde 2018, vive em Curitiba (PR), em sua casa-estúdio. Formada em Design Gráfico, já trabalhou para as principais editoras do país, ilustrou mais de quinze obras e, em 2020, lançou seu primeiro livro como escritora, *A colecionadora de cabeças*.

Para todos que
se aventuram em
mundos feitos
de imaginação
e sabem que o
tropeço é um
bom impulso
para o salto.

«ВОСТОК 6,

Tudo começou quando Iolanda decidiu construir um foguete.

Animada, ela arrastou a poltrona da sala para o meio do quintal. Escalou a poltrona, assumiu a pose corajosa de piloto de missão interplanetária e comandou:

— Um, dois, três... Pronto, foguete, vamos!

Mas o foguete não saiu do lugar. Iolanda comentou com a arara de pelúcia que assistia a tudo lá de baixo:

— Ai, ai, ai, tá faltando alguma coisa.

Tinha sido difícil empurrar uma poltrona tão pesada. Ela aproveitou que estava ali sem voar para esticar um pouquinho braços e pernas e descansar. Sonhou com estrelas, cometas, sóis, luas e planetas habitados por seres engraçados.

«ВОСТОК»

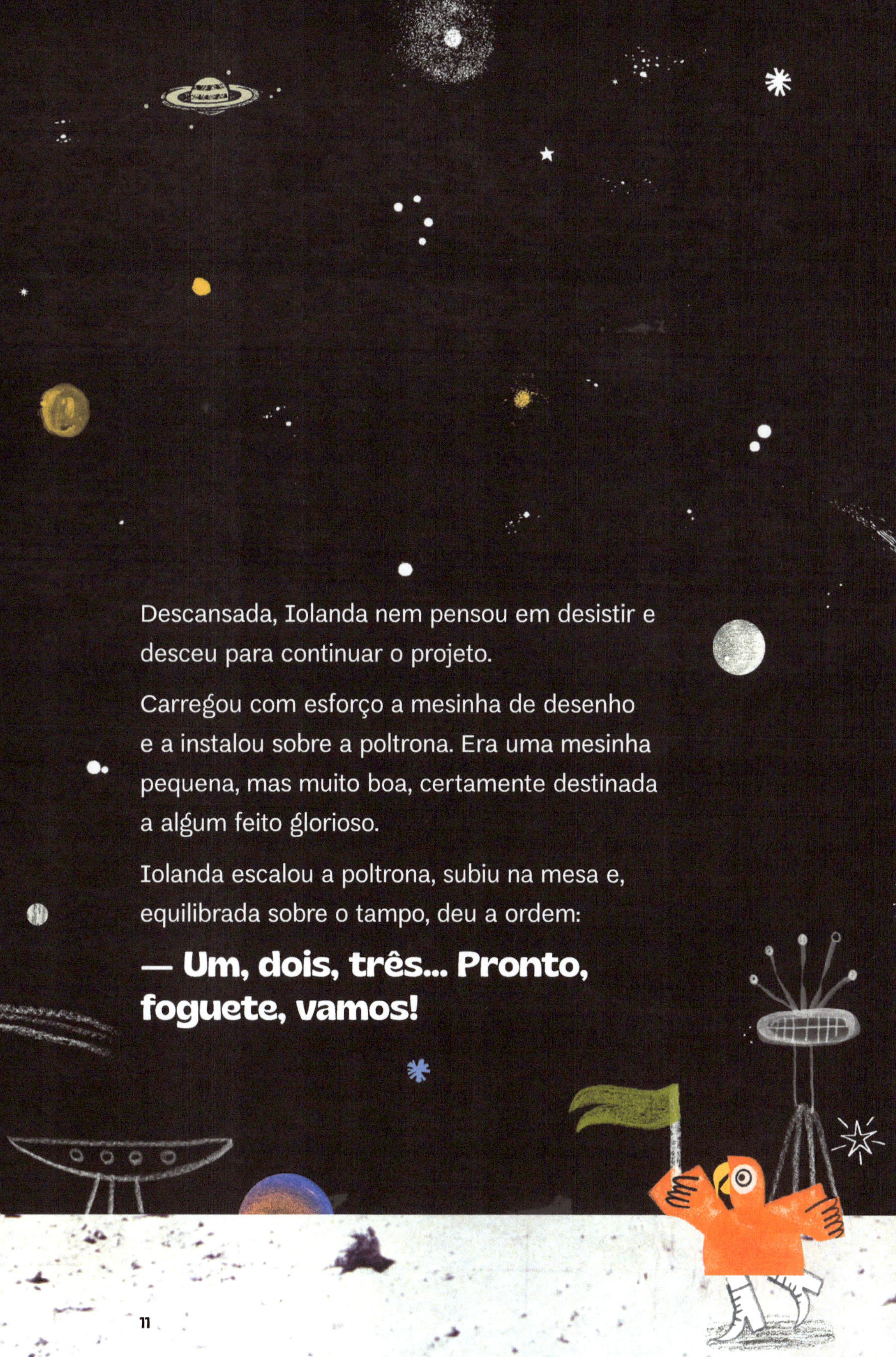

Descansada, Iolanda nem pensou em desistir e desceu para continuar o projeto.

Carregou com esforço a mesinha de desenho e a instalou sobre a poltrona. Era uma mesinha pequena, mas muito boa, certamente destinada a algum feito glorioso.

Iolanda escalou a poltrona, subiu na mesa e, equilibrada sobre o tampo, deu a ordem:

— Um, dois, três... Pronto, foguete, vamos!

Mas nada de o foguete decolar. Pensativa, ela encarou a arara e perguntou:

— Será que nosso foguete é muito pequeno pra uma tarefa assim tão gigante?

Iolanda não soube responder à própria pergunta, mas aproveitou para desenhar um foguete bem comprido e imponente, mais preparado para atingir a altitude de seus sonhos.

6
«ВОСТОК»

Satisfeita com o desenho, ela desceu para transformá-lo em realidade. Fuçou até encontrar a alfaia e pendurou o instrumento no ombro.

Iolanda escalou a poltrona, subiu na mesa e posicionou a alfaia bem no centro do tampo. Num tom bastante musical, entoou:

— Lá, lá, iáááá... Pron-to, fo-gue-te, vaaaaaaa-mos!

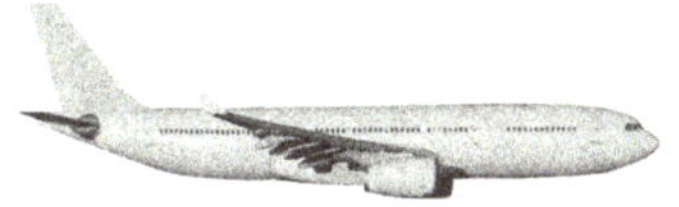

Mas o foguete não quis tocar na banda. Para a arara não se decepcionar, Iolanda olhou lá para baixo e explicou:

— Um tambor só é pouco pra fazer o barulhão do motor.

Ainda não seria daquela vez. Mas já que estava ali, Iolanda começou a batucar bem depressa na alfaia. Nos desenhos animados, todo momento triunfal vinha acompanhado de um rufar de tambores.

6
«ВОСТОК»

Contente de já ter uma trilha sonora, ela não titubeou: desceu para exigir a cumplicidade da amiga arara.

Iolanda escalou a poltrona, subiu na mesa, deitou a arara sobre a alfaia e se sentou em cima dela. Agora o foguete tinha se tornado verdadeiramente aconchegante. Além disso, toda missão bem-sucedida precisava de um copiloto. Ela então repetiu:

— Um, dois, três... Pronto, foguete, vamos!

O foguete permaneceu quietinho. Cuidando para não parecer uma bronca, Iolanda perguntou:

— Hum... Arara, você apertou os botões direitinho?

A arara preferiu ficar quieta. Já que estavam as duas ali, Iolanda continuou tagarelando sobre o plano.

Ergueu a arara como se fosse um foguete e ensaiou o futuro voo, fazendo barulho de pum com a boca, que era o mais próximo de barulho de motor que ela conseguia fazer.

«ВОСТОК»
6

Depois desse voo teste, Iolanda desceu e buscou o penico.

Agora sim, com um assento mais adequado a um piloto especial como ela, parecia um ótimo foguete.

Iolanda escalou a poltrona, subiu na mesa, passou pela alfaia, galgou o penico e pronto: a aventura espacial poderia começar.

— Um, dois, três... Pronto, foguete, vamos!

Mas o foguete não saiu do lugar. A arara, mesmo esmagada pelo penico e pela menina, prestou atenção na explicação:

— Deve estar sem combustível.

O voo tinha sido adiado, mas tanta euforia tinha consequências. Já que estava ali bem sentadinha no penico, Iolanda aproveitou para fazer xixi.

Aliviada, ela não esmoreceu. Já ia saltar lá de cima para aprimorar sua invenção quando, de repente, o foguete começou a chacoalhar.

«ВОСТОК»

— Iupiiii, até que enfim, vamos voar! — Iolanda comemorou apontando o céu.

O foguete balançou para lá e para cá, chacoalhou, fez um barulhão e...

cataploft!

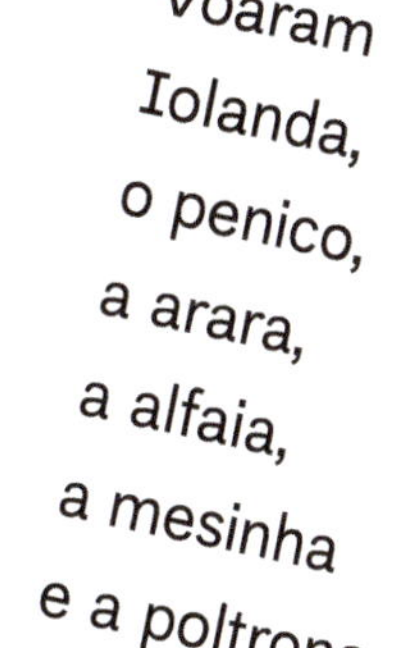

Voaram
Iolanda,
o penico,
a arara,
a alfaia,
a mesinha
e a poltrona.

Por sorte, o quintal era gramado e Iolanda aterrissou sã e salva, longe de tudo o que fosse mais pesado. E mais sorte ainda: o xixi do penico foi parar lá do outro lado.

Deitada de bruços no meio daquela bagunça, Iolanda deu de cara com a arara. Ficou um pouco envergonhada, é verdade. Mas logo fingiu algumas braçadas vigorosas e concluiu:

— Ufa, ainda bem que caímos na água! Agora venha comigo juntar as peças pro submarino.

— Um, dois, três... Pras profundezas do mar, vamos!

Estevão Azevedo

Desde pequeno, gosto de ouvir e criar histórias, provavelmente por influência dos meus pais, que sempre tiveram muitos livros, jornais e revistas. E, como toda criança, tantas vezes sonhei em construir coisas fantásticas, como castelos, submarinos e foguetes. Quando a gente é criança, inventa com o que tem à mão. Caixa de papelão, lata, banquinho, brinquedo... Tudo pode se tornar exatamente a peça que faltava para o nosso projeto decolar. Um material muito especial e que está à disposição de todos, crianças e adultos, são as palavras. Com elas, é possível criar e percorrer os lugares mais incríveis!

Ana Matsusaki

Pensar em cada estrelinha deste livro foi uma delícia e mais uma oportunidade de fazer o que tanto gosto: olhar para o céu noturno e pensar que, por trás daquela calmaria toda, tem um montão de coisas explodindo, que existem estrelas mais antigas do que a própria humanidade. Que histórias elas contariam sobre nós? Enquanto meu foguete não fica pronto, trato de cuidar com carinho do que está bem debaixo do nosso nariz: o nosso querido e redondinho planeta Terra.

Produção gráfica

FTD EDUCAÇÃO GRÁFICA & LOGÍSTICA

Avenida Antônio Bardella, 300 - 07220-020 GUARULHOS (SP)
Fone: (11) 3545-8600 e Fax: (11) 2412-5375

www.ingramcontent.com/pod-product-compliance
Lightning Source LLC
LaVergne TN
LVHW070155230826
846093LV00003B/26
* 9 7 8 6 5 5 7 4 2 1 3 4 5 *